Inhalt

Verbriefungen - die wiederentdeckte Finanzierungsform

Kernthesen

Beitrag

Fallbeispiele

Weiterführende Literatur

Impressum

GENIOS WirtschaftsWissen Nr. 04/2011 vom 11.04.2011

Verbriefungen - die wiederentdeckte Finanzierungsform

G.Dengl

Kernthesen

- Nachdem Verbriefungen lange Zeit in einem Atemzug mit der Banken- und Finanzkrise genannt wurden und der Markt als ausgetrocknet galt, stimmen die neuen Umsatzzahlen optimistisch.
- Es bleibt zwar unklar, ob die Investoren die Vorteile dieser Finanzierungsform wiederentdeckt haben, oder ob es schlicht keine Alternative dazu gibt, Tatsache ist, dass sich Verbriefungen einer wachsenden Beliebtheit erfreuen.
- Ein Grund sind möglicherweise die

gestiegenen Transparenzanforderungen für Banken, die Verbriefungen kaufen möchten. Sie sollen das verlorene Vertrauen zurückbringen, nachdem vor der Finanzkrise die entsprechenden Gesetze eher locker ausgelegt wurden.

Beitrag

Vergessene Vorteile

Nachdem der Markt für Verbriefungen im Zuge der Subprime-Krise zusammengebrochen war, galt das Augenmerk lange Zeit nur noch den Bankbilanzen, die im Verdacht standen, noch weitere risikoreiche Positionen zu enthalten, die nicht als solche erkennbar waren. Inzwischen nimmt aber der Markt für Verbriefungstransaktionen wieder Fahrt auf. Durch die pauschale Verteufelung von Verbriefungen gerieten die Vorteile dieser Finanzierungsstruktur zunächst in Vergessenheit. Doch ein anhaltend schwieriges Finanzierungsumfeld schaffte das Bewusstsein, dass es im Prinzip keine echten Alternativen für die strukturierte Finanzierung gibt. Insbesondere die Verbriefung von Handelsforderungen ermöglicht die Finanzierung wachsender Umsätze. Nur so gelingt es, einerseits den bestehenden Kunden längere Zahlungsziele zu bieten und andererseits das bilanziell gebundene Umlaufvermögen zu reduzieren. Die Emission von kurzlaufenden Schuldverschreibungen ("Commercial Papers") erfolgt bei einer Verbriefung durch eine Zweckgesellschaft ("Special Purpose Vehicle"). Diese kann die Forderungen des Unternehmens ("Originator) aus dessen laufendem Geschäftsbetrieb ankaufen, um sie als Sicherheit für die ausgegebenen Wertpapiere zu verwenden. Diese Konstruktion nennt sich Asset Backed Commercial Paper Programm ("ABCP-Programm"). (6)

Für wen eignen sich Verbriefungen?

Ein wesentlicher Vorteil der Refinanzierung über eine Verbriefungstransaktion im Vergleich zum Factoring liegt darin, dass ABCP-Programme künftige Forderungen umfassen können, so dass eine fortlaufende Refinanzierungsfazilität entsteht. Die Liquidität für auslaufende Commercial Papers wird dabei durch die Neuausgabe von Wertpapieren sichergestellt. Die Refinanzierung über ein ABCP-Programm eignet sich für alle Unternehmen ab einem regelmäßigen Finanzierungsvolumen im Millionenbereich, und damit gerade auch für Mittelständler. Einbezogen werden können nur einwandfreie Forderungen, die nicht bereits durch bestehende Risiken aufgefallen oder bereits verpfändet sind. (7)

Bei wem liegt das Risiko?

Die Zweckgesellschaft dient lediglich dem Ankauf der Forderungen und der Emission von Wertpapieren. Sie selbst geht keine finanziellen Verpflichtungen ein und bleibt stets frei von Haftungs-, Schadenersatz- und sonstigen Regressansprüchen. Die bestehenden Risiken werden wie folgt behandelt:

- Die Liquidität der Zweckgesellschaft zum Zeitpunkt der Fälligkeit der Commercial Papers wird in der Regel durch eine von der Bank bereitgestellte Kreditlinie sichergestellt.
- Die Bonität der Wertpapiere hängt nicht von der Zweckgesellschaft ab, sondern von den zugrundeliegenden Forderungen sowie von der von einer Bank zur Verfügung gestellten Liquiditätsfazilität.
- Das Commingling Risk ("Forderungseinzugsrisiko") besteht darin, dass ein Forderungsverkäufer zahlungsunfähig zu werden droht. Um dieses Risiko zu minimieren, wird der Forderungsverkäufer normalerweise verpflichtet, eine Commingling-Reserve aufzubauen.

- Das Veritätsrisiko ("Risiko des rechtlichen Bestands der Forderung per se") bzw. das Risiko der nachträglichen Reduzierung der Forderungshöhe (z.B. durch Rabatte, Skonti und andere Nachlässe) bleibt beim Forderungsverkäufer. (8)

Lockere Auslegung des Gesetzes war für die Finanzkrise mitverantwortlich

Laut einer aktuellen Analyse wäre die Finanzkrise in Deutschland zu vermeiden gewesen, wenn sich Banken und Aufsicht strikt an das Gesetz - in diesem Fall das Kreditwesengesetz - gehalten hätten. Eine durch die Politik begünstigte lockere Auslegung des Gesetzes, mit dem Hintergrund, den Finanzstandort Deutschland attraktiver zu machen, hat dies jedoch vereitelt. Auch der Verbriefungsmarkt profitierte jahrelang von dieser lockeren Auslegung und wuchs Jahr für Jahr. (3)

Wenngleich mit Verbriefungen in Deutschland zu keinem Zeitpunkt so waghalsige Spekulationen betrieben wurden wie mit den amerikanischen Subprime-Verbriefungen, so erlitt das Image dieses Finanzierungsinstrumentes beträchtlichen Schaden, da die Berichterstattung nicht immer trennscharf zwischen deutschen und amerikanischen

Verbriefungstransaktionen unterschied.

Trends

Neue Regeln für mehr Transparenz

Durch die Schaffung transparenter Regeln, ähnlich wie beim Pfandbrief, soll neues Vertrauen in Verbriefungsstrukturen entstehen. Die ursprünglich nur in geringem Maße regulierten Verbriefungsmärkte werden durch Änderung der Eigenkapitalvorschriften zur Verbriefung von Krediten und zur Investition in Verbriefungen nun auf europäischer Ebene geregelt. Neben klaren Einschränkungen, welche Verbriefungen überhaupt noch von Banken gehalten werden dürfen, sollen vor allem verschärfte Offenlegungspflichten für mehr Transparenz sorgen. Diese Regeln beziehen sich zwar "nur" auf Kreditinstitute, aber diese stellen auch die größte Investorengruppe dar; insofern erstrecken sich die Anforderungen an die Institute indirekt auf den gesamten Verbriefungsmarkt. (1)

Regulatory Capital Relief Trades

Ganz gleich, wie viel Mühe sich die Aufsicht gibt, der Markt ist immer einen Schritt voraus. Findige Anbieter, meist Hedge Fonds oder Private Equity Häuser, nutzen gezielt die Schwächen der Regulierung aus. Sie nehmen den Banken riskante Forderungen ab und sparen ihnen dadurch wertvolles Eigenkapital ein, das diese ansonsten zur Unterlegung der Risiken benötigt hätten. "Regulatory Capital Relief Trades" nennen sich diese Transaktionen, die für Bank und Anbieter nur Vorteile bringen, dem Finanzsystem aber möglicherweise die nächste Krise bescheren. (5)

Fallbeispiele

Autofinanzierungen beleben den Verbriefungsmarkt

Die in Europa auch vor der Krise üblichen Verbriefungen haben sich schon immer von Verbriefungen minderwertiger Immobilienfinanzierungen, dem sogenannten Subprime-Segment, unterschieden. Dieser Umstand hat mitgeholfen, den europäischen Verbriefungsmarkt wiederzubeleben. In Deutschland hat gerade die Verbriefung von Autofinanzierungen eine Renaissance. (2)

Commerzbank zurück am Verbriefungsmarkt

Die Commerzbank platzierte mit "Cosmo Finance II" ein 1 Milliarde Euro umfassendes Portfolio aus Forderungen gegenüber deutschen Mittelständlern. Die guten wirtschaftlichen Aussichten für Deutschland spiegeln sich nach Institutsangaben in einem steigenden Investoreninteresse wider. Das Portfolio besteht aus Krediten von über 1 000 Unternehmenskrediten. (4)

Weiterführende Literatur

(1) Die neue Verbriefung
aus Frankfurter Allgemeine Zeitung, 07.01.2011, Nr. 5, S. 37

(2) Verbriefung als regulierte Investmentalternative
Aufsichtsrechtlicher Schub birgt auch Chancen - Comeback einer Anlageklasse
aus Börsen-Zeitung, 05.01.2011, Nummer 2, Seite 2

(3) Subprime-Verbriefungen und das Gewerbepolizeirecht des KWG
aus Zeitschrift für das gesamte Kreditwesen 04 vom

15.02.2011 Seite 192

(4) Rückkehr zum Verbriefungsmarkt
aus Börsen-Zeitung, 04.02.2011, Nummer 24, Seite 3

(5) Kasino Fatal
aus Manager Magazin, 18.03.2011, Nr. 4, Seite 30

(6) Die Investoren beenden den Streik
aus FINANCE - Der Markt für Unternehmen und Finanzen Heft 4 vom 25.03.2011, Seite 74

(7) Individuell anpassen
aus FINANCE - Der Markt für Unternehmen und Finanzen Heft Sonderbeilage November vom 29.10.2010, Seite 29

(8) Die Rückkehr der Verbriefungen
aus FINANCE - Der Markt für Unternehmen und Finanzen Heft Sonderbeilage Februar 2011 vom 28.01.2011, Seite 6

Impressum

Verbriefungen - die wiederentdeckte Finanzierungsform

Bibliografische Information der deutschen Nationalbibliothek

Die Deutsche Nationalbibliothek verzeichnet diese Publikation in der deutschen Nationalbibliografie; detaillierte bibliografische Daten sind im Internet über http://dnb.d-nb.de abrufbar.

ISBN: 978-3-7379-0507-7

© 2015 GBI-Genios Deutsche Wirtschaftsdatenbank GmbH, Freischützstraße 96, 81927 München, www.genios.de

Alle Rechte vorbehalten. Dieses Werk ist einschließlich aller seiner Teile – z.B. Texte, Tabellen und Grafiken - urheberrechtlich geschützt. Jede Verwertung außerhalb der Grenzen des Urheberrechtsgesetzes bedarf der vorherigen Zustimmung des Verlags. Dies gilt insbesondere auch für auszugsweise Nachdrucke, fotomechanische

Vervielfältigungen (Fotokopie/Mikroskopie), Übersetzungen, Auswertungen durch Datenbanken oder ähnliche Einrichtungen und die Einspeicherung und Verarbeitung in elektronischen Systemen.